Das Brotmaschinen Kochbuch

50 einfache Rezepte für
Anfänger, um hausgemachtes
Brot und Brötchen zuzubereiten

Britta Kuhn

Alle Rechte vorbehalten.

Haftungsausschluss

Die enthaltenen Informationen sollen als umfassende Sammlung von Strategien dienen, über die der Autor dieses eBooks recherchiert hat. Zusammenfassungen, Strategien, Tipps und Tricks sind nur Empfehlungen des Autors. Das Lesen dieses eBooks garantiert nicht, dass die Ergebnisse genau den Ergebnissen des Autors entsprechen. Der Autor des eBooks hat alle zumutbaren Anstrengungen unternommen, um den Lesern des eBooks aktuelle und genaue Informationen zur Verfügung zu stellen. Der Autor und seine Mitarbeiter haften nicht für unbeabsichtigte Fehler oder Auslassungen. Das Material im eBook kann Informationen von Dritten enthalten. Materialien von Drittanbietern bestehen aus Meinungen, die von ihren Eigentümern geäußert wurden. Daher übernimmt der Autor des eBooks keine Verantwortung oder Haftung für Material oder Meinungen Dritter.

Das eBook unterliegt dem Copyright © 2021, alle Rechte vorbehalten. Es ist illegal, dieses eBook ganz oder teilweise weiterzugeben, zu kopieren oder abgeleitete Werke daraus zu erstellen. Ohne die ausdrückliche und unterschriebene schriftliche Genehmigung des Autors dürfen keine Teile dieses Berichts in irgendeiner Form reproduziert oder erneut übertragen werden

INHALTSVERZEICHNIS

EINFÜHRUNG

Brot ist ein traditionelles, bekanntes Lebensmittel, das in unseren Breiten lange vor Kartoffeln, Reis oder Nudeln existierte. Da Brot nicht nur Energie liefert, sondern auch Vitamine, Mineralien und Spurenelemente, ist das Produkt als Grundlage einer Diät prädestiniert.

Brot als Diätbasis Brot als Diätbasis

Die Brotdiät wurde 1976 an der Universität Gießen entwickelt. Seitdem wurden einige Änderungen vorgenommen, die sich jedoch nur in Nuancen voneinander unterscheiden. Grundlage der Brotdiät ist das kohlenhydratreiche Lebensmittelbrot.

Brot wird aus Getreide hergestellt, daher kann das Brot je nach Art und Verarbeitung des Getreides unterschiedlich sein. Produkte mit einem hohen Vollkorngehalt werden in der Brotdiät bevorzugt. Solche Brote zeichnen sich durch einen hohen Gehalt an Spurenelementen und Mineralien aus, sie enthalten auch Ballaststoffe. Stark verarbeitetes

Weißbrot ist in der Brotdiät nicht verboten, sondern sollte nur in geringen Mengen verzehrt werden.

WIE FUNKTIONIERT DIE BROT-DIÄT?

Die Brotdiät ist im Grunde eine Diät, die die Aufnahme von Kalorien reduziert. Die Gesamtenergiemenge für den Tag wird in der Brotdiät auf 1200 bis 1400 Kalorien reduziert. Mit Ausnahme einer kleinen warmen Mahlzeit aus Getreideprodukten werden diese Kalorien nur in Form von Brot geliefert.

Dies muss kein trockenes Fleisch, fettarmer Quark mit Kräutern oder Gemüsestreifen sein. Der Vorstellungskraft sind kaum Grenzen gesetzt, was die Vielzahl der Rezepte für die Brotdiät erklärt. Die Getränke in der Brotdiät enthalten Wasser und Tee ohne Zucker. Zusätzlich wird vor jeder Mahlzeit ein Brotgetränk eingenommen, um die Verdauung zu unterstützen und das Immunsystem zu stimulieren.

VORTEILE DER BROTDIÄT

Wenn beim Einlegen der Sandwiches keine Selbsttäuschung begangen wird, ist ein Vorteil der Brotdiät, wie bei den meisten kalorienarmen Diäten, der schnelle Erfolg. Aber die Brotdiät hat andere echte Vorteile gegenüber anderen Diäten. Die Ernährung kann sehr ausgewogen gestaltet werden, so dass keine Mangelerscheinungen zu erwarten sind.

Grundsätzlich kann eine Brotdiät daher auch über einen langen Zeitraum durchgeführt werden, ohne dass gesundheitsschädliche Auswirkungen zu erwarten sind. Ein weiterer Vorteil ist die Leichtigkeit, mit der die Diät durchgeführt werden kann. Der größte Teil der Mahlzeit ist kalt und kann zubereitet werden. Infolgedessen kann sogar eine arbeitende Person die Diät leicht durchführen, indem sie das mitgebrachte Brot isst, anstatt in der Kantine zu essen.

NACHTEILE DER BROTDIÄT

Die Brotdiät weist aufgrund ihrer Zusammensetzung keine besonderen Nachteile auf. Wenn die Brotdiät jedoch nur vorübergehend durchgeführt und dann zum vorherigen Lebensstil zurückgeführt wird, tritt der gefürchtete Jojo-

Effekt auch bei der Brotdiät auf. Während der Hungerphase während der Diät nahm der Grundumsatz des Körpers ab.

Nach dem Ende der Diät tritt die Gewichtszunahme daher schnell und gewöhnlich auf einem höheren Niveau als vor dem Beginn der Diät auf.

BROT OHNE MEHL

Portionen: 1

ZUTATEN

- 290 g Haferflocken
- 270 g Sonnenblumenkerne
- 180 g Leinsamen
- 65 g   Sesam
- 65 g   Kürbiskerne
- 4 TL   Chia-Samen
- 8 EL   Flohsamenschalen
- 2 Teelöffel   Meersalz
- 2 EL   Agavendicksaft
- 6 EL   Öl
- 700 ml Wasser (warm

VORBEREITUNG

Alle trockenen Zutaten werden in einem Mixer gemahlen und dann in eine Schüssel gegeben. Dann die restlichen Zutaten hinzufügen. Alles wird jetzt mit einer Küchenmaschine richtig geknetet, bis ein Teig entsteht, der nicht mehr klebt. Eine 30 cm lange Laibpfanne mit Backpapier auslegen. Füllen Sie dann den "Klumpen" aus und drücken Sie ihn mit einem Löffel in die Laibpfanne.

Der Teig kommt bei 175 ° C direkt in den Ofen. Sobald das Brot oben gebräunt ist, nehmen Sie es aus der Laibpfanne und drehen Sie es auf dem Backpapier um. Das Brot wird auf diese Weise gebacken. Die Gesamtbackzeit beträgt ca. 60 Minuten. Wenn das Brot dunkel genug ist und beim Tippen hohl klingt, ist es fertig.

Hinweis von Chefkoch.de: Da der Cadmiumgehalt in Leinsamen relativ hoch ist, empfiehlt die Bundeszentrale für Ernährung, nicht mehr als 20 g Leinsamen pro Tag zu konsumieren. Der tägliche Brotkonsum sollte entsprechend aufgeteilt werden.

KLEINES, NUTTY LOW-CARB BROT

Portionen: 1

ZUTATEN

- 50 g Sonnenblumenkerne
- 25 g Weizenkleie
- 25 g Leinsamenmehl
- 25 g Mandelstangen oder gehackte Mandeln
- 50 g Chiasamen
- 50 g gemahlene Mandeln
- 250 g fettarmer Quark
- 1 Teelöffel, gehäuft   Backpulver oder Zahnstein Backpulver
- Eier)
- Protein
- ½ TL, gearbeitet   Salz-

VORBEREITUNG

Mischen Sie die trockenen Zutaten zusammen, fügen Sie dann nach und nach die restlichen Zutaten hinzu und kneten Sie sie gut, um einen Teig zu bilden. Heizen Sie den Ofen auf 200 Grad. Lassen Sie den Teig ca. 15 Minuten in der Schüssel einweichen, dann erstarrt er.

Formen Sie einen Laib Brot, legen Sie ihn auf ein mit Backpapier ausgelegtes Backblech, bedecken Sie ihn gegebenenfalls mit Samen und drücken Sie sie fest. Den Teig ca. 40 Minuten bei 200 Grad backen.

Je nach Geschmack können verschiedene Arten von Nüssen verwendet werden. Das Brot bleibt mindestens 1 Woche im Kühlschrank frisch. Natürlich schmeckt es am besten frisch oder leicht geröstet.

SCHNELLES BROT +

Portionen: 1

ZUTATEN

- 500 g Weizenmehl Typ 405
- 1 Punkt   Trockenhefe
- 375 ml Wasser (warm
- 3 EL   Joghurt
- 1 Teelöffel   Salz-
- ½ TL Zucker
- 1 Teelöffel Pfeffer aus der Mühle
- 1 EL   Schnittlauch, getrocknet
- 1 EL   Petersilie, getrocknet
- 1 EL   Haferflocken

VORBEREITUNG

Mehl und Hefe mischen, Zucker, Salz, Pfeffer, Haferflocken, Kräuter, Joghurt und Wasser hinzufügen und alles glatt kneten. 5 Minuten gehen lassen, nochmals kurz kneten.

Gießen Sie den Teig in eine mit Backpapier ausgelegte Laibpfanne und backen Sie ihn in einem nicht vorgeheizten Ofen bei 200 ° C etwa 50 Minuten lang. Heben Sie in den letzten 5 Minuten das Brot aus der Pfanne und backen Sie es auf dem Rost. Dadurch wird es auch von unten knusprig.

Supi Dinner nur mit Butter oder einem würzigen Aufstrich!

STYRIAN PUMPKIN SEED BROT MIT PUMPKIN SEED OIL

Portionen: 1

ZUTATEN

- 450 g Dinkelmehl
- 1 Punkt Trockenhefe
- 1 Teelöffel Salz
- 1 Teelöffel Brotgewürzmischung
- 2 EL Kürbiskerne, gemahlen
- 100 g Kürbiskerne, ganz
- 350 ml Lauwarmes Wasser
- 3 EL Kürbiskernöl

VORBEREITUNG

Mischen Sie alle trockenen Zutaten. Gießen Sie Wasser und Samenöl ein. Kneten, bis der Teig aus der Schüssel kommt. 30 Minuten gehen lassen

Gießen Sie den Teig in eine gefettete Laibpfanne, die mit gemahlenen Kürbiskernen bestreut wurde. Weitere 30 Minuten gehen lassen.

Mit Wasser bestreichen. In den auf 220 Grad vorgeheizten Ofen stellen. Stellen Sie eine Schüssel Wasser in den Ofen. Schalten Sie nach 10 Minuten wieder auf 180 Grad um. Und insgesamt eine Stunde backen.

Nach der Backzeit den "Klopftest" durchführen, wenn das Brot hohl klingt, wird es durchgebacken. Aus der Form nehmen, das Brot mit einer Mischung aus einem Teelöffel Samenöl und einem Löffel heißem Wasser bestreichen und abkühlen lassen.

EICHKATZERL'S HERBSTKARTOFFEL -

Portionen: 1

ZUTATEN

- 250 g   Sauerteig (reifer Roggensauerteig)
- 250 g   Mehl (Vollkornmehl)
- 250 g   Weizenmehl Typ 1050
- 10 g   Hefe, frisch
- 500 ml Wasser, lauwarm
- 330 g   Mehl, (Vollkornroggenmehl)
- 20 g   Salz-
- 1 EL   Honig
- 1 m.-groß   Kartoffel (n), mehliges Kochen
- 100 g   Walnüsse, grob gehackt

VORBEREITUNG

Mischen Sie das Vollkornmehl, das Weizenmehl, die Hefe und das gesamte Wasser zu einem Vor-Teig (ziemlich flüssig und weich). Ca. 2 Stunden bei Raumtemperatur.

Kochen Sie die Kartoffeln, schälen Sie sie heiß und zerdrücken Sie sie mit einem Kartoffelstampfer (oder einer Presse). Leicht abkühlen lassen.

Machen Sie einen Teig aus dem Sauerteig, dem Vor-Teig, dem Roggenmehl, dem Salz, dem Honig und der Kartoffelpüree. Zum Schluss die Walnüsse einkneten.

Der Teig ist fest aber sehr klebrig. Fügen Sie kein Mehl mehr hinzu!

30 Minuten ruhen lassen.

Den Teig erneut kneten, rund machen und in einen bemehlten Proofkorb legen. 1 Stunde gehen lassen.

Den Backofen auf 250 ° C vorheizen (Ober- / Unterhitze).

Gießen Sie das Brot in den heißen Ofen (vorzugsweise auf einem Backstein, aber auch ein heißes Backblech ist möglich).

Backzeit: 15 Minuten bei 250 ° C oder bis die gewünschte Bräune erreicht ist

erreicht. Backzeit: 45 Minuten bei 200-180 ° C, fallend. Ausreichend Dampf für

die ersten 15 Minuten (ca. 3 mal kräftig).

Ich mache das mit einem Blumensprühgerät (Düse auf Nebel eingestellt). Öffnen Sie den Ofen einfach nur einen Spalt, sprühen Sie kräftig (einige Male) gegen die

Ofenwände (nicht auf Brot) und schließen Sie die Ofentür wieder. 2-3 mal wiederholen.

Öffnen Sie am Ende der Backzeit kurz die Ofentür weit und lassen Sie den Dampf ab. Wie beschrieben backen.

NIEDRIGES KARBENBROT

Portionen: 1

ZUTATEN

- 50 g Sonnenblumenkerne
- 250 g fettarmer Quark
- 50 g Leinsamen, zerkleinert
- 50 g Weizenkleie
- 50 g Sojamehl
- 1 Teelöffel   Salz-
- ½ pck. Backpulver
- 2 Eier)
- 2 Teelöffel   Milch

VORBEREITUNG

Den Backofen auf 200 Grad vor / unten vorheizen.

Die Zutaten gut kneten, den Teig ca. 20 Minuten gehen lassen, damit der Leinsamen etwas anschwellen kann.

Das Brot 40 Minuten backen.

SAFTIGES OKARA - FLAXSEED - BROT

Portionen: 1

ZUTATEN

- 1 EL   Öl
- 1 Teelöffel   Essig
- 1 pck. Trockenhefe
- 50 g   Leinsamen
- 450 g   Mehl
- 150 g   Okara
- Etwas Sojamilch (Sojagetränk), (Sojagetränk)
- 1 Teelöffel Salz
- 1 Teelöffel Zucker

VORBEREITUNG

In der Brotbackmaschine: Alle Zutaten hinzufügen und das normale Programm auswählen (ca. 3 Stunden). Fügen Sie möglicherweise Sojagetränk hinzu, wenn der Teig zu trocken wird.

Konventionelle Methode: Alle Zutaten kneten. Der Teig ist sehr klebrig und weich. 1 Stunde an einem warmen Ort gehen lassen. Im vorgeheizten Backofen bei 180 ° C ca. 55 Minuten backen.

Hinweis: Das Brot fällt nach dem Backen etwas zusammen. Insgesamt enthält es rd. 2140 kcal, 82 g Protein, 38 g Fett und 364 g Kohlenhydrate.

Okara ist ein Nebenprodukt bei der Herstellung von Sojamilch oder Tofu.

Buchstabiert - Buttermilch - Brot

Portionen: 1

ZUTATEN

- 500 g   Dinkelmahlzeit
- 500 g   Dinkelmehl
- 2 EL   Salz-
- 1 Teelöffel   Zucker
- 1 pck.   Hefe
- 850 ml Buttermilch

VORBEREITUNG

Gesamtzeit ca. 1 Stunde 15 Minuten

Hefe und Zucker in einer Tasse mit lauwarmer Buttermilch mischen. Sieben Sie die beiden Mehle in eine Schüssel, machen Sie einen Brunnen und fügen Sie die gelöste Hefe hinzu. Mit etwas Mehl mischen und die restliche Buttermilch und das Salz nach und nach unterrühren. Den Teig gut kneten und eine Stunde gehen lassen, bis sich der Teig verdoppelt hat.

Nochmals kneten und zu einem Laib Brot formen. 15 Minuten gehen lassen und auf ein gefettetes Tablett legen. (Sie können natürlich auch eine Brotform verwenden.) Backen

bei 220 Grad für 50 Minuten.

Körner können auch hinzugefügt werden!

Wirklich lecker und vor allem gesundes Brot!

FLUFFY NAAN BROT

Portionen: 4

ZUTATEN

- 260 g   Mehl
- 100 ml Warme Milch
- 120 g   Naturjoghurt
- 1 Teelöffel Zucker
- ½ TL   Salz-
- 1 Teelöffel Trockenhefe
- ¼ TL   Backpulver
- 1 Teelöffel Öl
- 3 gehackte Knoblauchzehe (n)
- 40 g Butter, geschmolzen
- n. B. Koriander oder Zwiebeln, frisch gehackt

VORBEREITUNG

Gesamtzeit ca. 1 Stunde 45 Minuten

Mischen Sie 200 g Mehl mit Salz, Zucker, Backpulver und Hefe, fügen Sie dann den Joghurt hinzu und mischen Sie erneut. Fügen Sie nach und nach die warme Milch hinzu, während Sie kneten, und kneten Sie dann mit dem Rest des Mehls, bis Sie einen glatten, nicht mehr klebrigen Teig haben. Decken Sie den Teig ab und lassen Sie ihn mindestens 1 Stunde gehen. Ölen Sie dann Ihre Hände ein wenig ein und kneten Sie den Teig erneut kurz.

Teilen Sie den Teig in 4 Stücke, ziehen Sie sie auf einer bemehlten Oberfläche auseinander und drücken Sie sie zu flachen Kuchen flach (nicht ausrollen). Den gehackten Knoblauch und möglicherweise einige Zwiebeln und / oder Koriander darauf verteilen.

Den Boden der Fladenbrote in einer Pfanne (mit Antihaftbeschichtung) ohne Öl kräftig anbraten und die Fladenbrote dann 2-5 Minuten bei 200 ° C backen, bis die Oberfläche leicht gebräunt ist. Zum Schluss die Butter auf dem fertigen Naan-Brot verteilen und servieren.

WEIZEN GANZKORNBROT MIT HAST

Portionen: 1

ZUTATEN

- 700 g   Wasser, kalt
- 10 g Hefe, frisch
- 15 g Salz
- 1.000 g   Mehl, Vollkornmehl (frisch Boden!)

VORBEREITUNG

Bitte machen Sie die Arbeitsschüssel ausreichend groß!

Schritt 1: 350 g kaltes Leitungswasser in die Schüssel wiegen (genauer gesagt), die Hefe zerbröckeln, gründlich auflösen lassen, 250 g Vollkornmehl hinzufügen, alles gut mischen (kann wie Pfannkuchenteig gerührt werden). Decken Sie die

Arbeitsschüssel gut ab und lassen Sie sie etwa 45-60 Minuten bei Raumtemperatur gehen.

2. Stufe: Den Teig auffrischen (dh den Hefen und anderen kleinen Organismen "neues Futter" geben!): 350 g Wasser in den fermentierten Teig geben, gut mischen und 250 g Vollkornmehl einrühren. Decken Sie die Schüssel wieder gut ab und lassen Sie sie 45-60 Minuten lang wieder aufgehen.

3. Stufe: Das Salz in den nun kräftig fermentierenden Teig geben und umrühren, die restlichen 500 g Vollkornmehl gründlich kneten. Kneten Sie diesen Hauptteig etwas länger, bis ein glatter, elastischer Teig entsteht, der sozusagen die Schüssel selbst reinigt. Wenn der Teig an Ihren Händen klebt, befeuchten Sie Ihre Hand mit Wasser und kneten Sie weiter.

Den Teig ca. 20 Minuten gut in der Schüssel abdecken. Dann den Teig für 1.500 g Brot in eine große Brotform geben oder 2 gleich große Brote mit nassen Händen formen und ca. 10 Minuten gut bedeckt auf dem Backblech gehen lassen.

Den Backofen rechtzeitig auf 250 ° C vorheizen; Stellen Sie eine Schüssel mit heißem Wasser auf den Boden des Ofens. Eine starke Dampfentwicklung zu Beginn des Backvorgangs wirkt sich günstig auf das Bräunen und das gute Aufgehen des Brotes aus.

Backen: Ca. 15-20 Minuten bei 250 ° C mit Dampf, ca. 20-30 Minuten bei 200 ° C ohne Dampf (Wasserschale entfernen!). Die genaue Backzeit ist nicht vorhersehbar, da die Öfen unterschiedlich arbeiten und die Backzeit direkt von der Größe der Backwaren abhängt. Daher sollten Sie gegen Ende einen Klopftest durchführen, dh auf den Boden des Brotes klopfen. Wenn es hohl klingt, ist es fertig.

NIEDRIGES KARBENBROT

Portionen: 1

ZUTATEN

- 150 g   Magerquark
- 4 Eier)
- 50 g Mandel (n), gemahlen
- 50 g   Leinsamen, zerkleinert
- 2 EL   Kleie (Weizenkleie)
- ½ pck. Backpulver
- ½ TL   Salz-
- Fett für die Form

VORBEREITUNG

Alle Zutaten mischen, in eine leicht gefettete Brotform geben und fünf Minuten ruhen lassen. Heizen Sie den Ofen 15 Minuten lang auf 170 ° C vor und backen Sie dann alles eine Stunde lang auf dem mittleren Rost.

Das Brot ist natürlich nicht mit "normalem" Brot vergleichbar, aber es ist kalorien- und kohlenhydratarm und sehr lecker! Es schmeckt besonders gut, wenn Sie die Scheiben wieder in den Toaster legen.

LOWCARB BROT - PROTEINBROT

Portionen: 1

ZUTATEN

- 4 Eier)
- 250 g   Magerer Quark, trocken
- 50 g   Mandel (n), gemahlen
- 1 pck.   Backpulver
- 50 g   Leinsamen, zerkleinert
- 25 g   Kleie (Weizenkleie)
- 50 g   Sojamehl
- 50 g   Kleie (Haferkleie)
- 1 Teelöffel   Salz-
- 2 Teelöffel   Kümmel
- Gewürze oder Gewürzmischungen Ihrer Wahl
- 20 g   Sonnenblumenkerne zum Bestreuen

VORBEREITUNG

Alle Zutaten mit einem Handmixer vermischen. Dann entweder Brötchen formen und mit Sonnenblumenkernen bestreuen oder den Teig in eine mit Backpapier ausgelegte Laibpfanne geben und mit Sonnenblumenkernen bestreuen. 30 Minuten Brötchen und 60 Minuten Brot bei 180 ° C backen.

MIKROWELLEN-KETO-BROT

Portionen: 1

ZUTATEN

- 10 g   Butter
- Eier)
- ½ TL   Backpulver
- 30 g   Mandelmehl

VORBEREITUNG

Die Butter in der Mikrowelle kurz verflüssigen. Alle Zutaten in eine normale Kaffeetasse geben und gut umrühren. Stellen Sie sicher, dass der Teig glatt ist und wirklich keine Klumpen mehr vorhanden sind (dies führt zur Bildung von Blasen im Brot und endet mit Löchern).

Stellen Sie nun den Becher für 90 Sekunden bei voller Leistung in die Mikrowelle. Wenn der Teig noch leicht feucht ist (möglicherweise mit 600 Watt möglich), kochen

Sie einfach in Schritten von 10 Sekunden weiter, bis er fest ist.

Kippen Sie sofort nach dem Kochen aus der Tasse.

Tipps: Wenn Sie möchten, können Sie das abgekühlte Brot kurz im Toaster backen.

Oder wenn Sie möchten, können Sie das Grundrezept mit Stevia- und / oder Kakaotropfen aufpeppen und einen süßen Kuchen erhalten. Auch sehr zu empfehlen mit Vanille und Stevia.

ZUCCHINI-BROT FÜR DEN BROTHERSTELLER

Portionen: 1

ZUTATEN

- 50 ml   Wasser, kalt
- 500 g   Mehl Typ 550
- 300 g   Zucchini, gerieben
- 2 Teelöffel   Salz-
- 1 Teelöffel Zucker
- 1 Prise Cayenne-Pfeffer, nur eine Berührung
- ¾ Beutel Trockenhefe
- 1   Teelöffel   Fügen   Sie   während   des   ersten Knetvorgangs Olivenöl hinzu
- 1 Teelöffel Olivenöl auf das noch warme Brot geben

VORBEREITUNG

Es ist wichtig, die Zutaten in der angegebenen Reihenfolge in den Behälter des Brotbackautomaten zu geben. Lassen Sie die Zucchinifetzen nicht stehen, sondern legen Sie sie sofort in die Maschine, da sie sonst Saft herausziehen.

SÜSSE KARTOFFEL UND RAISINBROT

Portionen: 1

ZUTATEN

- 350 g Mehl
- 2 Teelöffel Backpulver
- ½ TL Salz-
- 1 Teelöffel Zimt
- ½ TL Muskatnuss
- 500 g Süßkartoffel
- 100 g Zucker, braun
- 120 g Butter
- 3 Eier)
- 100 g Rosinen

VORBEREITUNG

Die Süßkartoffeln schälen und würfeln und ca. 10-15 Minuten bis weich. In ein Sieb abtropfen lassen.

Den Backofen auf 180 Grad vorheizen (Konvektion 160 Grad) und eine Laibpfanne mit einem Fassungsvermögen von ca. 1 Liter.

Mehl, Salz, Backpulver, Zimt und Muskatnuss in eine Schüssel sieben. Mischen Sie die weichen Süßkartoffeln mit dem braunen Zucker, der Butter und den Eiern in einer anderen Schüssel mit dem Handmixer. Fügen Sie die Mehlmischung und die Rosinen hinzu und rühren Sie mit einem Holzlöffel, bis das Mehl gerade eingedickt ist

Gießen Sie den Teig in die vorbereitete Laibpfanne und backen Sie das Brot 60 bis 75 Minuten im Ofen. (Holzstabtest!)

Lassen Sie die Dose etwa 15 Minuten lang auf einem Rost abkühlen, entfernen Sie dann vorsichtig das Brot und legen Sie es zum Abkühlen auf den Rost.

Das Süßkartoffel-Rosinen-Brot schmeckt am besten, wenn es lauwarm ist und mit etwas Butter bestrichen wird. Der absolute Hit für ein reichhaltiges Sonntagsfrühstück mit der Familie.

5 Minuten Brot

Portionen: 1

ZUTATEN

- 200 g   Mehl (Weizenmehl)
- 200 g   Mehl (Roggenmehl)
- 50 g   Haferflocken
- 100 g   Getreide (Sonnenblumenkerne, Leinsamen, Sesam usw.)
- 1 Teelöffel   Salz-
- 1 EL   Zucker
- 1 pck. Hefe (Trockenhefe)
- 350 ml Lauwarmes Wasser
- Fett für die Backform

VORBEREITUNG

Alle Zutaten außer dem Wasser in eine Schüssel geben und kurz mischen. Fügen Sie nun das Wasser hinzu und rühren

Sie 3 Minuten lang mit dem Handmixer (Teighaken) auf der höchsten Stufe. Eine Laibpfanne einfetten und den Teig hinzufügen. Die Teigoberfläche in der Backform glatt streichen, bei Bedarf mit ein paar Körnern bestreuen und ca. 1 cm.

Auf das mittlere Regal in den nicht (!) Vorgeheizten Ofen stellen, bei oberer und unterer Hitze auf 190 ° C einstellen und das Brot 60 Minuten backen.

Wenn das Brot kalt ist, kann es aus der Backform fallen.

MAGISCHER GLÄNZER FÜR

Portionen: 1

ZUTATEN

- 200 ml Wasser
- 1 EL   Lebensmittelstärke
- 1 EL   Salz-

VORBEREITUNG

Mit diesem Mittel erhalten Brote ihren besonderen Glanz. Sieht aus wie Schlamm, deshalb nenne ich es auch liebevoll magischen Schlamm.

Ich stelle dieses Rezept hier ein, weil ich so oft danach gefragt werde. Mein Brot wird nach dem Backen damit überzogen (15 Minuten für mich) und dann noch einmal 15 Minuten, bevor das Brot fertig ist. In meinem Fotoalbum können Sie sich die damit überzogenen Brote ansehen, hier besonders das Weizenbrot von Delphinella und mein doppelt gebackenes Roggenbrot, das Sie an diesen Broten besonders gut erkennen können.

Mischen Sie alle Zutaten gut, damit keine Klumpen mehr entstehen. Alles einmal zum Kochen bringen, abkühlen lassen und in ein Glas geben.

Da ich fast jeden Tag backe, hält ein solches Glas etwa 10 Tage im Kühlschrank.

RYE SESAM BROT

Portionen: 1

ZUTATEN

Für den Sauerteig:

- 25 g   Sauerteig
- 110 g   Vollmehl Roggenmehl
- 200 ml Wasser (lauwarm)
- Für den Teig:
- 400 g   Weizenmehl Typ 550
- 600 g   Vollmehl Roggenmehl
- 60 g   Honig
- 40 g   Sonnenblumenkerne
- 20 g   Sesam
- 20 g   Salz-
- 700 ml Wasser (lauwarm)
- Sesam zum Bestreuen

- Fett für die Form

VORBEREITUNG

Für den Sauerteig die Basis, das Mehl und das Wasser in einer Schüssel mischen. Abdecken und ca. 12 Stunden bei Raumtemperatur ruhen lassen, bis der Sauerteig Blasen bildet.

25 g Sauerteig entfernen, in ein Schraubglas füllen und für den nächsten Backtag im Kühlschrank aufbewahren.

Für den Teig den restlichen Sauerteig, beide Mehlsorten, Honig, Sonnenblumenkerne, Sesam, Salz und das Wasser in einer Schüssel von Hand oder in der Küchenmaschine (niedrigste Einstellung) fünf Minuten lang mischen.

Zwei 1 kg Brotdosen einfetten und großzügig mit Sesam bestreuen. Dann gießen Sie ca. 1070 g Teig in jede Backform geben. Drücken Sie mit nassen Händen darauf und bestreuen Sie die Oberfläche mit Sesam. Abdecken und 6 - 8 Stunden bei Raumtemperatur gehen lassen, bis das Volumen des Teigs zugenommen hat.

Den Backofen einschließlich Backblech mindestens 30 Minuten vor dem Backen auf 250 ° C vorheizen.

Sprühen Sie das Brot vor dem Backen mit einer Sprühflasche erneut mit Wasser auf die Oberfläche.

Bevor die Brote in den Ofen kommen, drehen Sie die Temperatur auf 200 ° C. Dann backen Sie das Brot auf dem 2. Rost von unten etwa 60 Minuten lang. Wenn Sie möchten, können Sie das Brot 10 Minuten vor dem Ende des Backvorgangs aus der Form nehmen und auf dem Rost backen.

Sprühen Sie das Brot nach dem Backen rundum mit der Sprühflasche ein und wickeln Sie es jeweils in ein Handtuch. Vollständig abkühlen lassen.

BERLIN BROT

Portionen: 1

ZUTATEN

- 100 g   Haselnüsse, ganz
- 100 g   Mandel (n), ganz, ungeschält
- 500 g   Mehl
- 500 g   Zucker
- 3 EL   Kakaopulver
- 2 Teelöffel   Zimt
- 1 Teelöffel Nelke (n), gemahlen
- 1 EL   Backpulver
- 2 EL   Sauerrahm
- 4 ..   Eier)
- 100 g   Puderzucker
- 1 ½ EL Wasser, heiß

VORBEREITUNG

Haselnüsse und Mandeln in große Stücke schneiden. Das Mehl in eine große Rührschüssel geben und in der Mitte einen Brunnen machen. Nüsse, Zucker, Kakao, Zimt, Nelken und Backpulver am Rand verteilen. Legen Sie die saure Sahne und Eier in die Mitte. Den Teig kneten. Auf einem gefetteten Backblech ausrollen.

20-30 Minuten bei 200 ° C backen.

In der Zwischenzeit eine glatte Glasur mit dem Puderzucker und dem Wasser mischen. Nach dem Backen das Berliner Brot noch heiß mit Zuckerguss bestreichen und 2x5cm in Stücke schneiden.

PERISNOME NIEDRIGES

Portionen: 1

ZUTATEN

- 60 g   Weizenkleie
- 60 g   Leinsamen, zerkleinert
- 120 g   Haferkleie
- 3 Eier)
- 2 EL   Wasser
- 1 Teelöffel Brotgewürzmischung
- ½ TL   Salz-

VORBEREITUNG

Alle Zutaten mischen und 10 Minuten einweichen lassen. Dann auf ein großes Stück Frischhaltefolie legen und in eine feste Rolle wickeln. Schließen Sie die Frischhaltefolie an den

Enden fest. Nun alles fest in Aluminiumfolie einwickeln und ca. 30 Minuten in heißem Wasser köcheln lassen.

Sie können natürlich auch andere Kräuter oder Gewürze in die Mischung einarbeiten, wie Sie möchten.

Hinweis von Chefkoch.de: Da der Cadmiumgehalt in Leinsamen relativ hoch ist, empfiehlt die Bundeszentrale für Ernährung, nicht mehr als 20 g Leinsamen pro Tag zu konsumieren. Der tägliche Brotkonsum sollte entsprechend aufgeteilt werden.

SONNENBLUMEN - KÖRNER - BROT

Portionen: 1

ZUTATEN

- 100 g   Sonnenblumenkerne
- 50 g   Leinsamen
- 50 g   Hafer (nackt oder geschält)
- 50 g   Hirse
- 50 g   Buchweizen
- 500 ml Wasser, kochend
- 250 g   Mehl (Weizenmehl Typ 405)
- 250 g   Mehl (Vollkornmehl)
- 1 Würfel   Hefe
- 2 Teelöffel   Honig, flüssig
- 2 Teelöffel   Meersalz

VORBEREITUNG

Braten Sie die Sonnenblumenkerne in einer trockenen, schweren Pfanne und drehen Sie sie mehrmals, bis sie angenehm riechen.

Gießen Sie das kochende Wasser über Leinsamen, Hafer, Hirse und Buchweizen, rühren Sie um und lassen Sie es abgedeckt ca. 1 Stunde einweichen.

Mischen Sie die Mehle in einer großen Rührschüssel, zerbröckeln Sie die Hefe auf einer Seite am Rand der Schüssel und verteilen Sie den Honig auf der Hefe. Gießen Sie den gequollenen lauwarmen Leinsamen mit der Flüssigkeit darüber und mischen Sie ihn mit der Hefe, dem Honig und etwas Mehl.

Decken Sie die Schüssel mit einem Tuch ab und stellen Sie sie für ca. 15 Minuten an einen warmen Ort. Kneten Sie dann das restliche Mehl und Salz sowie die gerösteten Sonnenblumenkerne mit dem Teighaken eines Handmixers oder einer Küchenmaschine in den Vor-Teig. Abdecken und den Teig ca. 15 Minuten ruhen lassen. Fetten Sie die Form ein.

Kneten Sie den Teig erneut gründlich, bis er geschmeidig ist und sich vom Rand der Schüssel löst. Gießen Sie den Teig mit einem Spatel in die Form und glätten Sie ihn. Mit einem Tuch abdecken und an einem warmen Ort weitere 15 Minuten gehen lassen, bis das Volumen des Teigs um etwa ein Drittel zugenommen hat.

Dann möglicherweise die Oberfläche mit einem Messer schräg einkerben. Sprühen Sie die Boden- und Seitenwände des kalten Ofens mit Wasser ein oder wischen Sie sie kurz mit einem feuchten Tuch ab. Das Brot im Ofen (unten) bei 200 ° C ca. 1 Stunde goldbraun backen. Dann ca. 10 Minuten im ausgeschalteten Ofen stehen lassen.

Nehmen Sie das Brot aus dem Ofen und vorsichtig aus der Form, sprühen oder bürsten Sie es von allen Seiten mit kaltem Wasser. Im Ofen (unten) auf dem Rost ohne Pfanne 10-15 Minuten bei 200 ° C erneut backen.

Dann sprühen oder mit Wasser bestreichen.

PANINI BROT

Portionen: 1

ZUTATEN

- 340 g   Mehl
- 250 ml Wasser, lauwarm
- 20 ml   Öl
- 5 g   Trockenhefe
- 0,67 EL Zucker
- 0,33 EL Salz

VORBEREITUNG

Mehl, Zucker, Salz und Trockenhefe mischen. Wasser und Öl hinzufügen. Kneten Sie und fügen Sie bei Bedarf mehr Mehl hinzu, bis der Teig nur noch leicht klebrig ist.

Nehmen Sie den Teig aus der Schüssel, geben Sie ein paar Tropfen Öl in die Schüssel und rollen Sie den Teig hinein, bis er vollständig bedeckt ist. Unter einem feuchten Tuch ca. 45 Minuten gehen lassen.

Den Teig in 4 Stücke teilen und lange Brote formen. Weitere 30 Minuten unter dem Tuch gehen lassen.

Den Backofen auf 200 ° C vorlüfterunterstützte Luft vorheizen.

Das Brot je nach gewünschter Bräunung 12 - 15 Minuten auf einem mit Backpapier ausgelegten Backblech im mittleren Regal backen.

Dann das noch warme Brot mit Milch bestreichen. Dies hält die Kruste schön weich und eignet sich hervorragend zum Grillen.

BROT MIT SOURDOUGH

Portionen: 1

ZUTATEN

- 250 g   Vollkornroggenmehl
- 250 g   Vollkorn-Dinkelmehl
- 320 ml Molke, natürlich, lauwarm
- 150 g   Sauerteig
- 1 EL   Salz-
- 20 g   Hefe, frisch
- 1 Teelöffel   Kümmel
- 1 Teelöffel   Koriander
- 1 Teelöffel   Fenchel
- 1 Teelöffel   Anis
- n. B. B. Walnüsse, ganz
- n. B. B. Sonnenblumenkerne

VORBEREITUNG

Die frische Hefe in die lauwarme Molke zerbröckeln und umrühren. Kümmel, Anis, Koriander und Fenchel in einem Mörser zerdrücken oder in einer Mühle fein mahlen. Geben Sie alle Zutaten (einschließlich Walnüsse und Sonnenblumenkerne nach Belieben) in eine Knetmaschine und arbeiten Sie etwa 10 Minuten lang auf der niedrigsten Stufe, um einen Teig zu bilden.

Dann den Teig in einen Korb oder eine Schüssel geben, mit einem Geschirrtuch abdecken und an einem warmen Ort ca. 1 Stunde ruhen lassen, bis der Teig schön aufgegangen ist.

Den Backofen auf 250 ° C vorheizen und eine kleine Schüssel Wasser auf den Ofenboden stellen. Drehen Sie den Teig aus dem Kochkorb und backen Sie ihn 10 Minuten lang bei 250 ° C auf einem Schamottstein oder einem mittleren Backblech bei mittlerer / unterer Hitze. Reduzieren Sie dann die Temperatur auf 210 ° C und backen Sie ihn etwa 50 Minuten lang.

ZAUBERES HANFBROT

::

Portionen: 1

ZUTATEN

- 200 g Dinkelmehl (Vollkorn)
- 250 g Dinkelmehl, 1050
- 150 g Roggenmehl, 1150
- 60 g   Hanfsamen, gemahlen
- 80 g   Hanfsamen, geschält
- 1 EL   Salz-
- 1 Würfel   Hefe, frisch
- 100 g Magerquark
- 375 ml Wasser

VORBEREITUNG

Die Hefe in lauwarmem Wasser auflösen. Mischen Sie alle trockenen Zutaten. Mit einem Teighaken 10 Minuten lang sehr langsam mit Quark und Hefewasser mischen, an einem warmen Ort abdecken und 45 Minuten gehen lassen. Der Teig ist sehr leicht klebrig.

Streuen Sie etwas Mehl auf eine Arbeitsfläche und kneten Sie den Teig erneut gut von Hand, legen Sie ihn in eine gefettete Brotform und lassen Sie ihn weitere 30 Minuten ruhen. 3 mal mit dem Messer schneiden.

Stellen Sie eine Schüssel Wasser in den Ofen und backen Sie im vorgeheizten Ofen bei O. ./U 250 ° Drehen Sie das zweite Rack 15 Minuten lang von unten auf 190 herunter ° und weitere 35 Minuten backen.

5-MINUTEN-PFANNENBÖREK   MIT LAVASH-BROT

Portionen: 1

ZUTATEN \.

Für die Füllung:

- 200 g   Schafskäse
- ½ Bund   Petersilie (frisch
- Für die Soße:
- 200 ml Milch
- 50 ml   Öl
- Eier)
- n. B. Salz und Pfeffer
- n. B. Pul Biber

Ebenfalls:

- 4 Tortilla (s) (Lavashbrot)

VORBEREITUNG

Den Schafskäse mit einer Gabel zerdrücken, die Petersilie hacken und mit dem Käse mischen.

Mischen Sie alle Zutaten für die Sauce.

Eine Antihaftpfanne mit Margarine bestreichen, Lavaschbrot darüber gießen und großzügig mit der Sauce bestreichen. Gießen Sie das zweite Lavash-Brot darüber, bürsten Sie die Sauce erneut und verteilen Sie die Füllung darauf. Geben Sie ein weiteres Lavaschbrot über die Füllung, verteilen Sie die Sauce und gießen Sie das letzte Brot darauf, verteilen Sie es großzügig mit der Sauce und lassen Sie es ca. 10-15 Minuten in der Pfanne ziehen.

Zum Schluss den Herd einschalten, den Börek bei schwacher Hitze beidseitig backen und mit Butter bestreichen.

JOGURTKRUSTENBROT

Portionen: 1

ZUTATEN

- 240 g Wasser
- 10 g   Hefe
- 350 g Weizenmehl Typ 550
- 150 g Roggenmehl Typ 1150
- 100 g Joghurt
- 2 Teelöffel   Salz-
- 1 Teelöffel   Honig
- 1 Teelöffel   Gebackenes Malz oder Caro Kaffee
- 2 EL   Balsamico-Essig, weißer

VORBEREITUNG

Die Hefe in warmem Wasser auflösen. Die restlichen Zutaten zur Wasser-Hefe-Mischung geben und mit dem

Handmixer zu einem glatten Teig kneten. Den Teig mit Mehl bestäuben und ca. 1 1/2 Stunden gehen lassen.

Fetten Sie die Brotform ein und fügen Sie den Teig hinzu. Nochmals mit Mehl bestäuben und den Deckel aufsetzen. Stellen Sie die Backform in den kalten Ofen. Bei 240 Grad ca. 10 Minuten backen. Dann in die Oberseite des Brotes schneiden und weitere 40-50 Minuten backen.

Wenn die Backzeit abgelaufen ist, nehmen Sie den Deckel ab, schalten Sie den Ofen aus und bräunen Sie das Brot im Ofen an.

Walnusskarottenbrot

Portionen: 1

ZUTATEN

- 400 g   Weizenmehl (Vollkorn)
- 100 g   Roggenmehl (Vollkorn)
- 150 g   Sauerteig
- 8 g   Hefe, frisch
- 1 EL   Öl (Walnussöl)
- 150 g   Karotte (n), fein gehackt
- 1 EL   Gewürzsalz
- 1 TL, geebnet   Brotgewürzmischung, gemahlen
- 1 Prise Schäbiger Klee, gemahlen
- 300 ml Wasser, lauwarm
- 75 g   Walnüsse, grob gehackt

VORBEREITUNG

Alle Zutaten (außer Walnüsse) gut mit ca. 200 ml Wasser. Fügen Sie nach und nach genügend Wasser hinzu, bis sich ein elastischer Teig bildet. Zum Schluss die Nüsse locker kneten.

Decken Sie den Teig ab und lassen Sie ihn ca. 2 Stunden.

Den Teig in der Mitte teilen und erneut auf einer bemehlten Oberfläche kneten.

Die beiden Teigstücke in bemehlte Proofkörbe (Simperl) geben und ca. 1 Stunde.

Den Backofen auf 240 ° C vorheizen.

Stellen Sie eine hitzebeständige Schüssel mit heißem Wasser in das Röhrchen.

Legen Sie das Brot in den Ofen, sprühen Sie es erneut mit Wasser ein und backen Sie es 10 Minuten lang bei 240 ° C.

Dann die Temperatur auf 180 ° C reduzieren. Weitere 30 Minuten backen (Klopftest).

Brot mit Wasser bestreuen und 5 Minuten im ausgeschalteten Ofen backen.

NIEDRIGES KARBENBROT - LOCA RENE

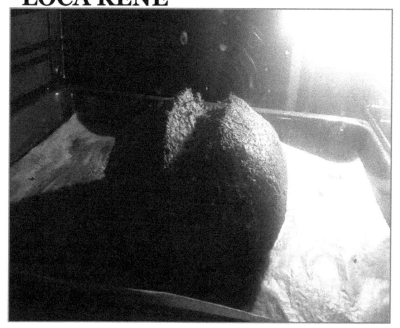

Portionen: 1

ZUTATEN

- 500 g   Quark, 20% Fett
- 2 Teelöffel   Salz-
- 6 ..   Eier)
- 4 EL   Leinsamen, zerkleinert
- 1 EL   Gehackte Mandeln
- 1 EL   Haselnüsse, gehackt
- 4 EL   Sonnenblumenkerne
- 50 g   Weizenkleie
- 125 g   Haferkleie
- 100 g   Flohsamenschalen
- 1 pck.   Backpulver

VORBEREITUNG

Alle Zutaten in einer Schüssel vermischen und mit einem Handmixer und einem Teighaken umrühren.

Den Backofen auf 200 ° C vorheizen.

Befeuchten Sie nach dem Mischen Ihre Hände und formen Sie den Brotteig zu einer Masse. Die Zugabe von Flohsamenschalen verleiht dem Brot eine bewusst feste Konsistenz. Befeuchten Sie Ihre Hände nach Bedarf erneut.

Dann das Backblech mit Pergamentpapier auslegen, den Brotteig in eine Brotform formen und eine Länge von ca. 0,5 cm mit einem Messer. Legen Sie das Brot in den Ofen und backen Sie es 60 Minuten lang.

Dann das Brot abkühlen lassen und im Brotkasten aufbewahren

Hinweis: In der Brotbox ist das Brot fünf Tage lang leicht frisch und wird nicht hart, sodass es nicht gekühlt werden muss.

KNOBLAUCH-MOZZARELLA-

Portionen: 1

ZUTATEN

- 360 g   Mehl
- 220 ml Wasser, lauwarm
- ½ Würfel   Frische Hefe
- 2 EL   Öl
- 1 Teelöffel Salz
- 1 Teelöffel Zucker
- 35 g   Butter, weich
- 3 Knoblauchzehen)
- 1 Handvoll Schnittlauch
- 1 Ball   Mozzarella
- 1 Prise Salz
- 1 Prise Pfeffer

VORBEREITUNG

Hefe und Zucker im lauwarmen Wasser auflösen und zum Mehl geben. Fügen Sie das Öl und Salz hinzu und kneten Sie alles mit einem Mixer etwa 10 Minuten lang, bis sich eine glatte Masse bildet. Den Teig in eine geölte Schüssel geben und abdecken und ca. 40 Minuten gehen lassen.

Dann den Teig auf ein mit Backpapier ausgelegtes Backblech legen, etwas nach unten drücken, abdecken und weitere 15 Minuten ruhen lassen.

In der Zwischenzeit die Knoblauchbutter zubereiten. Dazu Butter, fein gehackten oder gepressten Knoblauch, Schnittlauch sowie Salz und Pfeffer verrühren.

Nun mehrmals mit einem Messer in den Teig schneiden und mit der Knoblauchbutter bestreichen. Schneiden Sie die Mozzarella-Kugel in Streifen und füllen Sie die Einschnitte.

Auf dem mittleren Rost im vorgeheizten Backofen bei 220 Grad oberer / unterer Hitze ca. 15 - 20 Minuten

MESHED BROT ODER ROLLEN

Portionen: 1

ZUTATEN

- 750 g Weizenmehl (Typ 550)
- 250 g Roggenmehl (Typ 1000)
- 750 ml Wasser (warm
- 15 g Salz-
- 20 g Hefe, frisch
- 1 Teelöffel Zucker

VORBEREITUNG

Mischen Sie das Wasser mit dem Zucker und der Hefe und lassen Sie es etwas aufgehen (ca. 5 - 10 Minuten). Mehl und Salz mischen. Dann mit der Wasser-Hefe-Mischung mischen, um einen weichen Teig zu bilden. Lassen Sie den Teig nach dem Kneten 2 Stunden gehen.

Ein Backblech mit Pergamentpapier auslegen. Teilen Sie den Teig in zwei Hälften. Befeuchten Sie immer Ihre Hände. Falten Sie den Teig immer nach unten, um eine glatte Oberfläche zu erhalten. Auf das Backblech legen und die Oberfläche erneut mit nasser Hand reiben. Wenn Sie möchten, können Sie auch Brötchen aus dem Teig formen.

Den Backofen auf 250-300 ° C vorheizen. Das Brot bei starker Hitze ca. 5 Minuten backen. Dann senken Sie die Temperatur auf 200 ° C und öffnen die Ofentür einen Spalt (klemmen Sie einen Holzlöffel oder ähnliches dazwischen). 35 Minuten backen.

Dann das Brot erneut mit Wasser bestreichen und bei geschlossener Ofentür weitere 20 Minuten backen. Die Backzeit für Brötchen wird erheblich verkürzt, da sie kürzer sind.

KAROTTEN - ZUCCHINI - BROT

Portionen: 1

ZUTATEN

- 12 g Hefe (1/4 Würfel)
- 7 g   Salz, möglicherweise mehr
- 2 Teelöffel   Honig
- 1 m große Zucchini
- 2 Karotte
- 1 EL   Kräuter (gefroren)
- 1 Teelöffel   Essig (Apfelessig)
- 2 EL   Joghurt
- 300 g   Mehl, Sorte Ihrer Wahl, möglicherweise mehr
- 1 Teelöffel   Johannisbrotkernmehl   oder Maisstärke

- 1 EL   Haferflocken
- 1 EL   Sonnenblumenkerne
- 1 Teelöffel Leinsamen
- n. B. Sonnenblumenkerne zum Bestreuen
- n. B. Buchweizen zum Bestreuen oder für andere Körner
- Möglicherweise. Pfeffer
- n. B. B. Wasser

\VORBEREITUNG

Die Haferflocken, Sonnenblumenkerne, Leinsamen und 1 Teelöffel Honig mit heißem Wasser anbrühen, so dass die Mischung nur mit Wasser bedeckt und 3 Stunden abgedeckt beiseite gestellt wird. Die Hefe mit Salz und 1 Teelöffel Honig auflösen.

Karotten und Zucchini putzen und mit einem Slicer fein reiben - vorzugsweise in einer großen Schüssel. Mischen Sie die Gemüsemischung mit 1 Teelöffel Joghurt, Essig und den Kräutern, fügen Sie nach Belieben Salz hinzu (ich füge manchmal etwas Pfeffer hinzu) und falten Sie die Getreidemischung unter.

Stellen Sie nun die Schüssel auf eine Waage und fügen Sie 300 g Mehl hinzu. Gießen Sie Johannisbrotkernmehl darüber und mischen Sie die Mehlschicht grob. Nun wird die mit einem Esslöffel kaltem Wasser vermischte Hefemischung hineingegossen und alles mit einem Löffel vermischt. Mehl untermischen, bis der Teig von Hand geknetet werden kann, ohne dass viel an den Fingern haftet. (Es hängt davon ab, welches Mehl Sie verwenden.) Decken Sie diesen Teig mit Frischhaltefolie ab und lassen Sie ihn 30 Minuten ruhen.

Dann mahlen und auf ein mit Backpapier ausgelegtes Backblech legen. Am besten lassen Sie es im geschlossenen Ofen mit einer Schüssel mit dampfendem Wasser auf dem

Boden des Ofens aufgehen, die ebenfalls mit Frischhaltefolie bedeckt ist.

Nach 45 Minuten herausnehmen und den Backofen auf 230 ° vorheizen (Wasser bleibt im Backofen). Mischen Sie den Rest des Joghurts mit einem Schuss Wasser und verteilen Sie ihn auf dem Teig. Nach Belieben bestreuen und in den Ofen schieben. Nach 10 - 15 Minuten mit Wasser anfeuchten (mit einem Blumensprühgerät einsprühen) und auf 200 ° herunterdrehen. Beenden Sie das Backen, bis es hohl klingt, wenn Sie an die Unterseite des Brotes klopfen.

Während der Backzeit dampfe ich den Teig alle 15 Minuten. Es ist (für mich - aber es hängt vom Ofen ab) durchschnittlich 75 Minuten im Ofen, und wer will, kann es mit Backpapier abdecken, kurz bevor es den gewünschten Bräunungsgrad erreicht.

Für eine glänzende Kruste wird das Brot nach dem Herausnehmen wieder mit Wasser gedämpft.

Buchstabiertes Roggenbrot mit Karotten

Portionen: 1

ZUTATEN

- 400 g Ganze Mahlzeit Dinkelmehl
- 200 g Roggenmehl
- 1 Würfel Hefe
- 3 Teelöffel, stricken. Salz-
- 500 ml Buttermilch, lauwarm
- 2 EL Balsamico Essig
- 50 ml Wasser
- 70 g Sonnenblumenkerne
- 30 g Kürbiskerne
- 50 g Leinsamen
- 4 EL Chia-Samen
- 200 g Karotte

- 1 Handvoll Haferflocken

VORBEREITUNG

Den Backofen auf 220 Grad vorheizen. Eine Laibpfanne L30 B12, H10 einfetten und mit Haferflocken bestreuen.

Die Karotten in sehr kleine Stücke schneiden. Gießen Sie die lauwarme (ca. 35 °) Buttermilch auf die Karotten.

Gießen Sie die zerbröckelte Hefe ein und rühren Sie mit dem Handmixer drei Minuten lang auf Stufe 1. Die restlichen Zutaten mit Ausnahme der Haferflocken hinzufügen und 4 Minuten mit dem Teighaken kneten.

Gießen Sie den Teig in die Laibpfanne, verteilen Sie ihn gleichmäßig und bürsten Sie ihn mit etwas Wasser. Das restliche Haferflockenmehl darauf verteilen.

Backen Sie das Brot in den ersten 30 Minuten bei 220 ° C. Dann weitere 20 Minuten bei 180 ° C backen.

Dinkel Walnussbrot

Portionen: 1

ZUTATEN

- 250 g   Vollkorn-Dinkelmehl
- 250 g   Dinkelmehl Typ 630
- 320 ml Buttermilch
- 25 g   Butter, weich
- 100 g   Walnüsse, gehackt
- 21 g   Frische Hefe
- 1 EL   Honig
- ½ TL   Salz-

VORBEREITUNG

Mehl in einer Schüssel vermischen. Die Buttermilch mit dem Honig leicht erwärmen und die Hefe darin auflösen. Salz, Butter und Buttermilch mit Hefe in die Mehlschüssel geben und einige Minuten mit dem Teighaken kneten. In den letzten Minuten die Walnüsse hinzufügen. Kneten Sie den Teig nicht zu lange, da Dinkel das nicht mag. Decken Sie den Teig in einer Schüssel an einem warmen Ort ab und lassen Sie ihn ca. 1 Stunde gehen, bis sich das Volumen sichtbar erhöht hat.

Nehmen Sie den Teig aus der Schüssel und formen Sie ihn zu einem Laib. Abdecken und auf einem vorbereiteten Backblech 25 Minuten gehen lassen.

In der Zwischenzeit den Backofen auf 200 ° C vorheizen.

Sprühen Sie den Brotlaib mit Wasser ein und legen Sie ihn in den vorgeheizten Ofen. 15 Minuten backen. Dann die Temperatur auf 180 ° C reduzieren und weitere 40 Minuten backen.

Abkühlen lassen.

VEGAN GLUTENFREIES BROT

Portionen: 1

ZUTATEN

- 3 EL, gehäuft Flohsamenschalen
- 3 EL. Leinsamen Mahlzeit
- 150 g Teff Mehl
- 75 g Buchweizenmehl
- 75 g Hirsemehl
- 1 Teelöffel Backsoda
- ½ TL, gearbeitet Salz-
- Brotgewürzmischung, optional
- n. B. B. Sonnenblumenkerne, Kürbiskerne, Nüsse, optional
- 450 ml Wasser

VORBEREITUNG

Flohsamenschalen und Leinsamenmehl etwa eine Stunde in Wasser einweichen lassen.

Nach einer Stunde die restlichen Zutaten hinzufügen und mit dem Mixer oder der Küchenmaschine mit Knetaufsatz zu einem glatten Teig kneten. Der Teig klebt, daher ist es nicht so gut, von Hand zu kneten.

Dann befeuchten Sie Ihre Hände ein wenig mit Öl und formen Sie den Teig zu einem Brot oder Baguette.

Machen Sie mit dem Messer mehrere Schnitte über den Körper.

Den Backofen auf 160 ° C vorheizen.

Legen Sie das Brot auf ein mit Backpapier ausgelegtes Backblech und backen Sie es etwa 1 Stunde lang auf dem mittleren Rost. Verwenden Sie einen Holzspieß, um zu überprüfen, ob der Teig durchgebacken ist. Ansonsten noch 10-20 Minuten backen.

Lassen Sie das Brot abkühlen.

KOKOTENBROT

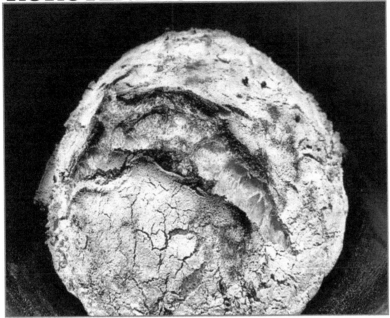

Portionen: 1

ZUTATEN

- 400 g Mehl
- 1 ¼ TL Meersalz
- ½ TL Hefe, frisch
- 3 dl   Wasser
- Mehl für die Arbeitsfläche
- Maismehl, Mehl oder Kleie zum Bestreuen

VORBEREITUNG

Mehl, Salz, Hefe und Wasser in einer Schüssel nur so lange mischen, bis der feuchte, feste Teig zusammenklebt - nicht kneten! Abdecken und 12 bis 18 Stunden bei Raumtemperatur gehen lassen, bis sich das Volumen des Teigs verdoppelt hat und die Oberfläche voller Blasen ist.

Legen Sie den Teig mit dem Teigkegel auf eine bemehlte Arbeitsfläche und falten Sie ihn viermal: Falten Sie mit bemehlten Händen zuerst den oberen, dann den unteren, linken und rechten Rand des Teigs in die Mitte. Formen Sie den Teig schnell in eine runde Form und legen Sie ihn auf ein bemehltes Leinentuch. Mit Maismehl, Mehl oder Kleie bestreuen. Mit den Enden des Handtuchs locker abdecken. 1 bis 2 Stunden bei Raumtemperatur gehen lassen.

Stellen Sie einen 4-Liter-Topf aus Gusseisen und einen Deckel auf ein Tablett im unteren Drittel des Ofens und heizen Sie ihn auf 240 Grad vor. Lösen Sie vorher alle Plastikknöpfe am Deckel und verschließen Sie das Loch mit Aluminiumfolie.

Nehmen Sie den Topf aus dem Ofen und nehmen Sie den Deckel ab. Legen Sie das Brot mit dem Tuch verkehrt herum in den heißen Topf. Mit dem heißen Deckel schnell abdecken und in den Ofen stellen. 30 Minuten backen. Nehmen Sie den Deckel ab und backen Sie das Brot weitere 15 bis 30 Minuten. Herausnehmen, Brot aus dem Topf nehmen, auf einem Rost abkühlen lassen.

Sie brauchen Zeit und Geduld für diese Art der Vorbereitung. Aber kein anderes Rezept verwendet den Gusseisentopf so intensiv wie diese ungewöhnliche Art, Brot zu backen. Und das Ergebnis ist erstaunlich: So sollte Brot sein, mit einer Kruste, die hörbar singt (Risse), wenn es entfernt und abgekühlt wird.

BROT OHNE KORN UND OHNE EI

Portionen: 3

ZUTATEN

- 1 Tasse Flohsamenschalen
- 1 Tasse Gemahlene Mandeln
- 1 Tasse Sonnenblumenkerne
- ½ Tasse   Leinsamen
- ½ Tasse   Sesam
- ¼ Tasse   Nüsse, ganz
- ¼ Tasse   Kürbiskerne
- 2 EL   Chia-Samen
- 350 ml Wasser
- 3 EL   Öl
- 1 Prise (n)   Salz-
- n. B. B. Brotgewürzmischung

VORBEREITUNG

Eine Tasse entspricht einer normalen Kaffeetasse mit ca. 200 ml.

Mischen Sie die trockenen Zutaten. Wasser, Öl und Gewürze hinzufügen und gut umrühren. Den Teig in eine mit Backpapier ausgelegte Laibpfanne geben und 2 Stunden einweichen lassen.

Dann 20 Minuten bei 180 ° C (vorgeheizte Ober- / Unterhitze) backen. Nehmen Sie das Brot aus der Form und backen Sie es weitere 40 Minuten (ohne die Form).

Abkühlen lassen und genießen.

Das Brot ist ziemlich feucht. Daher sollte es schnell verbraucht werden. Am besten im Kühlschrank aufbewahren oder in Portionen einfrieren, da es schnell verderbt.

Die ganzen Samen mit dem Wasser bilden eine kompakte Masse, die kein Ei zum Binden benötigt und die Verdauung richtig in Gang bringt. Man sollte bedenken, dass Brot "nur" ein Ersatz für Getreide ist.

Wer keinen Unterschied zum "normalen" Brot bemerkt, wird enttäuscht sein. Als Alternative für diejenigen, die auf Getreide verzichten, wird es definitiv empfohlen.

BROT MIT PESTO, SONNENGETROCKNETEN TOMATEN UND PARMESAN

Portionen: 1

ZUTATEN

- 450 g Mehl
- 1 TL, geebnet Backsoda
- ½ TL Salz-
- 110 g Tomate (n), eingelegt, getrocknet
- 2 EL Pesto (Basilikum-Pesto)
- 50 g Parmesan, gerieben
- 350 ml Buttermilch
- Olivenöl zum Einfetten

VORBEREITUNG

Den Backofen auf 170 ° C vorheizen. Ein flaches Backblech leicht einölen und etwas Mehl darüber streuen.

Mehl und Backpulver in eine Rührschüssel sieben, Salz und gehackte Tomaten hinzufügen und mischen.

Machen Sie einen Brunnen in der Mitte des Mehls und gießen Sie die Buttermilch hinein. Mit einem Löffel mischen, um einen weichen Teig zu bilden. Auf einer bemehlten Oberfläche bis zu einem Quadrat von ca. 23 cm. Den Durchmesser ausrollen.

Das Pesto darauf verteilen und den Parmesan darüber streuen. Dann wie ein Schweizer Brötchen aufrollen und vorsichtig auf das Backblech legen. Mit Mehl bestreuen.

35-40 Minuten backen, bis das Brot hohl klingt, wenn Sie auf die Unterseite klopfen.

GROSSES BROT MIT YEAST

Portionen: 1

ZUTATEN

- 1 kg   Mehl
- 1 Würfel   Hefe, frisch, 42 g
- 500 ml Wasser
- 2 Teelöffel   Salz-
- 1 Teelöffel   Zucker

VORBEREITUNG

Den Backofen auf 50 Grad vorheizen. Legen Sie ein Holzbrett auf das Tablett in der mittleren Schiene.

Das Mehl in eine große Rührschüssel geben. Sie können Weizenmehl für ein Weißbrot oder verschiedene Mehlsorten verwenden, z. B. B. Mischen Sie 500 g Roggenmehl + 500 g Weizenmehl. Sie können auch 1/3

Schrot hinzufügen oder 5 Teelöffel Brotgewürz einrühren. Es kann insgesamt 1 kg sein. Zucker und Salz untermischen.

500 ml Flüssigkeit langsam in einem kleinen Topf erhitzen und die Hefe darin auflösen. Sie können auch Buttermilch oder halbes Wasser und Buttermilch verwenden.

Den Mixer mit Teighaken ausstatten. Gießen Sie den Inhalt des Topfes in das Mehl und verarbeiten Sie ihn mit dem Teighaken etwa 5 Minuten lang zu einem glatten Teig. Wenn der Teig zu trocken ist, fügen Sie bei Bedarf etwas warmes Wasser hinzu. Wenn der Teig zu klebrig ist, etwas Mehl einkneten.

Decken Sie die Schüssel mit einem Küchentuch ab. Schalten Sie den Ofen aus und stellen Sie die Schüssel auf das Holzbrett im Ofen. 45 - 60 Minuten gehen lassen.

Nehmen Sie die Schüssel aus dem Ofen und kneten Sie den Teig gut auf einer bemehlten Arbeitsfläche mit den Händen oder mit einem Mixer mit einem Teighaken. Wenn Sie möchten, können Sie Kerne wie B verwenden. In Sonnenblumenkernen kneten. Den Teig zu einem Brot formen und 15 Minuten auf der Arbeitsfläche gehen lassen.

Den Backofen auf 175 Grad Umluft vorheizen. Stellen Sie eine ofenfeste Schüssel mit Wasser auf den Boden des Ofens. Das Brot mit Wasser oder Milch bestreichen und 45 Minuten im Ofen backen.

Dinkel-BUCKWHEAT-BROT MIT CHIA-SAMEN

Portionen: 1

ZUTATEN

- 475 g   Dinkelmehl Typ 630
- 175 g   Buchweizenmehl (Vollkorn)
- 450 ml   Wasser, lauwarm
- 20 g   Frische Hefe
- 35 g   Chia-Samen
- 30 g   Sonnenblumenkerne
- 1 EL   Brotgewürzmischung
- ½ TL   Kümmel
- 15 g   Salz-

VORBEREITUNG

Beide Mehlsorten in eine Schüssel geben. Gießen Sie das lauwarme Wasser darüber, mischen Sie die frische Hefe ein wenig mit dem Wasser und lassen Sie es 10 Minuten gehen. Dann die restlichen Zutaten hinzufügen und alles zu einem glatten Teig kneten. Dann abgedeckt 45 Minuten gehen lassen.

Den Teig wieder zusammenkneten. In eine gefettete Laibpfanne gießen und weitere 30 Minuten gehen lassen.

Den Backofen auf 220 ° C vorheizen. Stellen Sie eine feuerfeste Schüssel mit Wasser auf den Boden des Ofens.

Das Brot 10 Minuten bei 220 ° C backen, die Temperatur auf 180 ° C senken und weitere 30 Minuten backen.

Nachdem Sie 10 Minuten ruhen, drehen Sie das Brot aus der Pfanne und lassen Sie es vollständig abkühlen.

LATE RISER BROT

Portionen: 1

ZUTATEN

- 300 g Mehl
- 150 ml Wasser
- 1 Teelöffel Trockenhefe
- 1 Teelöffel Zucker
- 1 Teelöffel Salz

VORBEREITUNG

Ein Rezept für alle, die morgens frisch gebackenes Brot wollen, aber nicht so früh wie ein Bäcker aufstehen wollen. Der eigentliche Trick liegt in der Zubereitung in der Pfanne statt im Ofen. Es reicht für 2 Personen.

Bereiten Sie am Abend zuvor einen feuchten Hefeteig aus den Zutaten zu. Er kann noch etwas kleben. (Andere Teigsorten, zum Beispiel mit Quark oder Sauerteig, sind ebenfalls möglich.) Pinsel

eine große Pfanne mit Öl oder Butter. Dann legen Sie den Teig in die Pfanne. Setzen Sie den Deckel auf und lassen Sie ihn über Nacht stehen.

Am Morgen ist der Teig kräftig aufgegangen und bedeckt nun den Boden der Pfanne in einer Höhe von ca. 1-2 cm. Bei geschlossenem Deckel (!) Das Brot auf der größten Flamme / Kochplatte bei niedriger Einstellung 10 Minuten lang (je nach Herd und Einstellung bis zu 15 Minuten) kochen, bis die Unterseite goldbraun ist und sich die Oberfläche verfestigt hat. Dann das Brot wenden und weitere 5 Minuten ohne Deckel (!) Auf der anderen Seite kochen.

Wenn Sie das Brot nach dem Aufstehen einschalten, können Sie es nach dem Zähneputzen umdrehen und Ihr Kaffee ist rechtzeitig fertig!

Buchstabiertes KEFIR-BROT

Portionen: 2

ZUTATEN

500 g   Dinkelmehl

250 g   Roggenmehl Typ 1150

250 g   Weizenmehl Typ 550

3 pck.   Trockenhefe

35 g   Salz-

1 Teelöffel   Zucker

700 ml Kefir

150 ml Wasser

80 g   Leinsamen

80 g   Sesam

40 g   Sonnenblumenkerne

VORBEREITUNG

Den Kefir und das Wasser eine Minute lang in der Mikrowelle auf 800 Watt erhitzen. Mehl, Getreide, Hefe, Salz und Zucker mit einem Löffel mischen, dann das Kefirwasser hinzufügen und alles in der Küchenmaschine 10 Minuten lang kneten.

Steigen lassen, bis sich die Lautstärke verdoppelt hat. Dann 2 Kugeln formen und in 2 Proofkörbe legen. Weitere 45 Minuten gehen lassen und dann auf ein Backblech legen. Bei 200 ° C oben / unten 45 Minuten backen. Gießen Sie zu Beginn eine halbe Tasse Wasser auf den Boden des Ofens und dämpfen Sie.

DREHMUTTERBROT

Portionen: 1

ZUTATEN

- 150 g   Haselnüsse
- 42 g   Hefe
- 500 ml Lauwarmes Wasser
- 500 g   Vollkorn-Dinkelmehl
- 1 EL.   Salz-
- 2 EL   Apfelessig
- Fett und Mehl für die Form

VORBEREITUNG

Den Backofen auf 225 ° C vorheizen. Eine 25 cm lange Laibpfanne einfetten und mit Mehl bestäuben. Die Haselnüsse grob hacken. Die Hefe in einer Schüssel zerbröckeln. Gießen Sie ½ l lauwarmes Wasser ein und lösen Sie die Hefe unter Rühren im Wasser auf.

Mehl und Salz in einer Rührschüssel mischen. Hefewasser, Essig und gehackte Nüsse dazugeben und mit dem Teighaken des Handmixers einkneten. Kneten Sie etwa 3 Minuten lang weiter, bis Sie einen gleichmäßigeren, flüssigeren Teig erhalten. Gießen Sie den Teig sofort in die vorbereitete Pfanne.

Im Ofen auf dem mittleren Rost 35 Minuten backen. Schalten Sie den Ofen aus und lassen Sie das Brot etwa 5 Minuten im Ofen ruhen. Nehmen Sie es dann heraus. Mit einem Messer vom Rand der Form nehmen, aus der Form fallen und abkühlen lassen.

Schinken und Käsebrot

Portionen: 1

ZUTATEN

- 2 Tasse / n Mehl
- 1 Tasse Milch
- 1 pck. Backpulver
- 100 g Schinken, gewürfelt
- 200 g Käse, gerieben
- 1 Teelöffel Brühe, Körner
- Fett für die Form

VORBEREITUNG

Das Mehl wird mit Backpulver und Brühe gemischt und dann mit der Milch zu einer klebrigen Masse verarbeitet. Der Käse und der Schinken werden untergefaltet.

Nun wird der Teig in eine gefettete Laibpfanne gegeben und 35 Minuten bei 150 ° C im Ofen gebacken.

DAS EINFACHSTE BROT

Portionen: 1

ZUTATEN

- 1 kleines Stück Hefe, ungefähr so groß wie eine kleine Walnuss
- 600 ml Wasser
- 660 g Mehl, zB B. Vollkorn- oder Dinkelmehl oder gemischt; oder teilweise Vollkorn, teilweise gemahlen
- 120 g Buchweizenmehl, Leinsamen oder Haferflocken, einzeln oder gemischt
- 30 g Sesam
- 50 g Sonnenblumenkerne
- 3 Teelöffel, stricken. Salz-
- ½ TL Koriander
- Fett für die Form
- Sesam für die Form

VORBEREITUNG

Löse die Hefe im Wasser und füge dann alle Zutaten zum Hefewasser hinzu. Verwenden Sie dazu eine große Schüssel! Mit einem Holzlöffel oder einem anderen großen Löffel umrühren, bis alles vermischt ist.

Stellen Sie die Schüssel in eine Plastiktüte und lassen Sie sie über Nacht gehen (ca. 10 Stunden, mehr ist immer möglich).

Am nächsten Morgen eine Laibpfanne einfetten und den Boden und die Seiten mit Sesam bestreuen. Den Teig ohne Kneten direkt in die Form geben, glatt streichen und mit Wasser bestreuen. Quer schneiden und wieder gehen lassen, bis der Ofen auf 250 ° C Konvektion aufgeheizt ist.

Sobald die Temperatur erreicht ist, schieben Sie das Brot hinein und reduzieren Sie die Temperatur auf 200 ° C. Backen Sie für 45 bis 50 Minuten.

Nach dem Backen das Brot erneut mit Wasser bestreuen, dies ergibt eine schöne Kruste. Es ist auch ratsam, beim Backen eine mit Wasser gefüllte Auflaufform in den Ofen zu stellen.

BROT OHNE KNETEN

Portionen: 1

ZUTATEN

- 3 Tasse / n   Mehl
- 1 ½ Tasse / n Wasser
- ½ TL   Trockenhefe
- 1 ½ TL Salz-
- Mehl zur Verarbeitung

VORBEREITUNG

Mehl, Hefe und Salz in einer Schüssel mischen. Wasser hinzufügen. Mischen Sie alles zusammmen, bis eine klebrige Masse / Teig entsteht. Dies dauert ca. 15-20 Sekunden. Nicht kneten!

Decken Sie die Schüssel mit einem Handtuch oder Plastikfolie ab und lassen Sie sie ca. 18 Stunden ruhen. Dann legen Sie den Teig auf eine bemehlte Arbeitsfläche. Mischen Sie Ihre Hände ein wenig und drücken Sie den Teig auf der Arbeitsfläche vorsichtig flach, so dass er ungefähr rechteckig und flach ist. Den Teig einmal quer und einmal längs falten. Dann den Teig wieder mit dem Handtuch abdecken und 15 Minuten ruhen lassen.

Bestäuben Sie nun ein anderes Handtuch oder einen Wanderkorb mit Mehl oder Kleie. Dies sollte ziemlich großzügig erfolgen, damit der Teig nicht klebt. Nun den Teig grob in eine runde Form bringen und auf das Handtuch oder in den Laufkorb legen, erneut mit Mehl bestäuben, mit einem weiteren Handtuch abdecken und weitere 2 Stunden gehen lassen.

Den Backofen auf 250-260 Grad vorheizen.

Brot bekommt seine beste Kruste und Form, wenn es in einem Gusseisen- oder Emaille-Topf gebacken wird.

Den Topf im Ofen vorheizen. Legen Sie den Teig vom Handtuch oder Laufkorb in den heißen Topf und schließen Sie den Deckel. Bei geschlossenem Deckel 30 Minuten backen. Nehmen Sie dann den Deckel ab, reduzieren Sie die Temperatur auf 220-230 ° und backen Sie weitere 15 Minuten.

Nehmen Sie das Brot aus dem Ofen und lassen Sie es abkühlen.

AYRAN - BROT

Portionen: 1

ZUTATEN

- 400 g Mehl
- 250 ml Ayran oder Buttermilch
- 1 Teelöffel, gehäuft   Salz-
- 1 Prise (n)   Zucker
- Sesam, schwarz, zum Bestreuen
- 1 pck. Trockenhefe

VORBEREITUNG

Mehl mit Trockenhefe, Zucker und Salz mischen. Dann den Ayran hinzufügen und untermischen, bis ein guter Hefeteig entsteht. Den Teig zu einem Brot formen und mit schwarzem Sesam bestreuen. Auf ein vorbereitetes Backblech legen.

Im vorgeheizten Backofen bei 200 ° C oben / unten ca. 35 Minuten backen.

FIEFHUSEN STYLE Zwiebel und Kräuterbrot

Portionen: 1

ZUTATEN

Für den Teig:

- 350 g   Standard Weizenmehl
- 1 Beutel   Trockenhefe (für 500 g Mehl)
- 250 ml Lauwarmes Wasser
- 1 Teelöffel Zucker
- ¼ TL   Salz-
- 1 EL   Kräuter der Provence, getrocknet und gehackt
- 4 EL   geröstete Zwiebeln
- 2 Prisen Pfeffer, schwarz, gemahlen
- 3 EL   Olivenöl, jungfräulich, kaltgepresst

Ebenfalls:

- Ei (e), zum Bürsten verquirlt
- n. B. Meersalz, grob, zum Bestreuen
- n. B. Schwarzkümmel zum Bestreuen
- Sesam, ganz

VORBEREITUNG

Ich habe das Rezept aus einem Pizzateig abgeleitet, den ich auch für meine Gemüsepizza verwende. Das Brot ist zu 100% erfolgreich, es sei denn, Sie vergessen tatsächlich eine elementare Zutat oder eine Operation.

Das Mehl wird in eine große Rührschüssel gegossen und in der Mitte wird eine Vertiefung hergestellt. Nun das Salz, die Kräuter, die gebratenen Zwiebeln und den Pfeffer in diese Mulde geben. In der Zwischenzeit wird der Zucker im lauwarmen Wasser gelöst. Nun die Trockenhefe einrühren. Auch wenn der Hefebeutel etwas anderes sagt ("Keine Notwendigkeit zu mischen"), lassen Sie diesen Schritt bitte nicht aus. Es macht das Brot besonders "flauschig". Sobald die Wasser-Zucker-Hefe-Mischung eine klare Blasenbildung zeigt, gießen Sie diese in den Brunnen im Mehl. Kneten Sie nun den Teig gründlich mit dem Mixer mit dem Teighaken, bis er gleichmäßig aussieht und sich deutlich vom Rand der Schüssel löst. Gießen Sie nun das Olivenöl darüber und kneten Sie es erneut gründlich.

Decken Sie nun die Schüssel mit einem Tuch ab und lassen Sie sie eine halbe Stunde an einem warmen Ort gehen.

Sobald der Teig schön aufgegangen ist, streuen Sie zuerst ein wenig Mehl von oben (es kann dann leichter gehandhabt werden) und entfernen Sie es mit einem Schaber vom Boden der Schüssel und legen Sie es auf die Arbeitsplatte und auch Mehl von der Unterseite. Den Teig zu einem Laib Brot formen und auf ein mit Backpapier ausgelegtes Backblech legen. Der Teig sollte ungefähr 3/4 der Breite des Backblechs und ungefähr 5 cm hoch sein. Die Breite ergibt sich dann automatisch. Verwenden Sie nun eine Backbürste, um den Brotlaib vollständig mit dem geschlagenen Ei zu bestreichen. Ich füge dem frischen Ei immer etwas Schwarzkümmel und Sesam und grobes Meersalz als Dekoration hinzu.

Der Vorstellungskraft sind jedoch keine Grenzen gesetzt: Fenchelsamen, Kreuzkümmel, Kümmel, Mohn, grober Pfeffer ... wie gesagt, dem persönlichen Geschmack sind keine Grenzen gesetzt.

Decken Sie das Backblech nach dem Garnieren erneut mit einem Küchentuch mit dem Brotlaib ab und lassen Sie es weitere 10 Minuten gehen. In der Zwischenzeit den Backofen auf 200 Grad vorheizen.

Backen Sie nun das Brot 40 Minuten bei 200 Grad. Überprüfen Sie das Brot ab und zu nach einer halben Stunde. Wenn es von oben schon etwas zu goldbraun ist, von oben mit Aluminiumfolie schützen. Schalten Sie nach 40 Minuten den Ofen aus und lassen Sie das Brot 10 Minuten im langsam abkühlenden Ofen ruhen. Fertig.

SWEETYS CHIA BROT MIT KAROTTEN

Portionen: 1

ZUTATEN

- 500 g Weizenmehl
- 500 g Roggenmehl
- 1 pck. Trockenhefe
- 300 g Karotte
- 50 ml Olivenöl
- 15 g Salz-
- 1 Teelöffel Brotgewürzmischung
- 6 EL Chia-Samen
- 700 ml Wasser

VORBEREITUNG

Den Backofen auf 200 ° C vorlüfterunterstützte Luft vorheizen. Die Karotten schälen und in feine Streifen reiben.

Kneten Sie einen Hefeteig aus den angegebenen Zutaten und decken Sie ihn ab und lassen Sie ihn 1 Stunde an einem warmen Ort gehen.

Dann den Teig noch einmal kurz kneten, die Hälfte des Teigs in eine Brotpfanne geben und 1 Stunde backen, dann die andere Teighälfte in die Pfanne geben und ebenfalls 1 Stunde backen.

RÜCKENBROT MIT FRISCHEN KRÄUTERN

Portionen: 1

ZUTATEN

- 250 g Dinkelmehl
- 10 g Hefe, frisch
- 0,33 TL Honig
- 175 ml Wasser, lauwarm
- 50 g Sonnenblumenkerne
- Möglicherweise 10 g Chia-Samen
- Rote Beete, geschält, ca. 70 - 100 g
- 1 EL Obstessig
- 1 Teelöffel Salz
- 1 Handvoll Kräuter, frisch nach Wahl

VORBEREITUNG

Mischen Sie die Hefe mit dem Honig, es wird dann flüssig. Die trockenen Zutaten in eine Schüssel geben und mischen. Rote Beete schälen und grob reiben, Kräuter waschen und fein hacken (ich habe Schnittlauch, Rosmarin, Petersilie, Thymian und Salbei verwendet).

Die flüssige Hefe, das lauwarme Wasser und den Essig zu den trockenen Zutaten geben und gut kneten, idealerweise mit dem Teighaken des Handmixers. Zum Schluss Rote Beete und Kräuter einkneten.

Eine kleine Laibpfanne mit Backpapier auslegen und den klebrigen Teig hinein gießen. In den kalten Ofen stellen und ca. 1 Stunde bei 200 ° C (obere / untere Hitze) backen.

Das Rezept ist wirklich für ein sehr kleines Brot und eine kleine Laibpfanne konzipiert - frisches Brot schmeckt am besten und eignet sich daher auch für Mini-Öfen und Einpersonenhaushalte. Die Mengen können für eine normale Laibpfanne leicht verdoppelt werden.

NIEDRIGES SALZBROT IN EINER AUTOMATISCHEN BACKMASCHINE GEBACKEN

Portionen: 1

ZUTATEN

- 330 ml Wasser, lauwarm
- 1 Prise Salz-
- 1 Prise Zucker
- 1 EL   Öl
- 1 Spritzer   Balsamico Essig
- 250 g Weizenmehl Typ 405
- 250 g Vollkornmehl, Weizen, Roggen, Dinkel oder dergleichen
- 5 g Trockenhefe

VORBEREITUNG

Geben Sie alle Zutaten in der angegebenen Reihenfolge in die Backmaschine. Einstellung auf der BBA: Vollkorn. Das dauert für mich ungefähr 3,40 Stunden.

Sowohl für das Öl als auch für das Mehl verwende ich immer das, was da ist. Es ist jedoch wichtig, dass die Hälfte des Mehls, dh 250 g, aus Vollkorn besteht. Wenn ich Roggenmehl verwende, verwende ich etwas mehr Wasser, sonst wird das Brot sehr trocken.

FAZIT

Die Brotdiät gilt allgemein als für den täglichen Gebrauch geeignet. Weil keine wesentlichen Änderungen vorgenommen werden müssen. Die 5 Mahlzeiten pro Tag müssen jedoch eingehalten werden, damit die Fettverbrennung in Gang gesetzt werden kann. Daher ist auch die Prognose für die Ausdauer recht gut. Die Brotdiät kann ohne zu zögern mehrere Wochen durchgeführt werden. Die Notwendigkeit, Kalorien zu zählen, erfordert eine sorgfältige Planung der Mahlzeiten. Die Brotdiät ist jedoch nicht einseitig - schon allein dadurch, dass das Mittagessen normal gegessen wird. Die Brotdiät ist nur für Benutzer, die sich Zeit für Frühstück und andere Mahlzeiten nehmen können. Weil das Essen gut gekaut werden sollte.

Was ist erlaubt, was ist verboten

Es ist nicht gestattet, während der Brotdiät dicke Butter auf Brot zu streichen. Aber es ist besser, ganz auf Butter oder Margarine zu verzichten. Der Belag sollte auch nicht zu dick sein. Eine Scheibe Wurst oder Käse pro Brot muss ausreichen. Sie sollten während der Brotdiät 2 bis 3 Liter trinken, nämlich Wasser, Tee oder zuckerfreie Fruchtsäfte.

SPORT - NOTWENDIG?

Bewegung oder regelmäßiger Sport stehen nicht im Mittelpunkt einer Brotdiät. Aber es ist nicht schädlich, den Sport wie zuvor zu betreiben

Ähnliche Diäten

Wie bei der Kohldiät, dem Kohl oder bei der Saftdiät verschiedene Säfte, konzentriert sich die Brotdiät auf das Lebensmittelbrot.

Kosten der Ernährung

Zusätzliche Kosten als die für den normalen Lebensmitteleinkauf aufgewendeten müssen bei der Brotdiät nicht erwartet werden. Vollkornbrot kostet etwas mehr als Weißmehlbrot. Aber die Unterschiede sind nicht so groß. Es besteht auch keine Notwendigkeit, Bio-Produkte separat zu kaufen. Genau wie bei den anderen Einkäufen müssen Sie nur auf die Frische der Ware achten.

WAS ERLAUBT IST, WAS VERBOTEN IST

Es ist nicht gestattet, während der Brotdiät dicke Butter auf Brot zu streichen. Aber es ist besser, ganz auf Butter oder Margarine zu verzichten. Der Belag sollte auch nicht zu dick sein. Eine Scheibe Wurst oder Käse pro Brot muss ausreichen. Sie sollten während der Brotdiät 2 bis 3 Liter trinken, nämlich Wasser, Tee oder zuckerfreie Fruchtsäfte.

Die empfohlene Dauer der Brotdiät beträgt vier Wochen. Es ist aber auch möglich, es zu erweitern. Sie sollten ungefähr zwei Pfund pro Woche verlieren.

Die Tagesrationen bestehen aus fünf Mahlzeiten. Diese müssen auch eingehalten werden, um Hungergefühle zu vermeiden.

Darüber hinaus kann der Organismus auf diese Weise die wertvollen Nährstoffe optimal nutzen. Es ist auch wichtig, viel zu trinken.

Durch die ausgewogene Lebensmittelversorgung kann Brotdiät bei entsprechender Kalorienzufuhr auch für die ganze Familie durchgeführt werden. Gleichzeitig hat es auch den Vorteil, dass arbeitende Menschen es auch leicht nutzen können; Die meisten Mahlzeiten können zubereitet und dann weggenommen werden.

Bei konsequenter Durchführung kann ein Gewichtsverlust von 2-3 Pfund pro Woche erreicht werden. Letztendlich zielt die Brotdiät auf eine Ernährungsumstellung hin zu Obst und Gemüse und gesunden Kohlenhydraten sowie weg von Fleisch und Fett. Die hohe Menge an Ballaststoffen führt zu einem lang anhaltenden Sättigungsgefühl.

Lightning Source UK Ltd.
Milton Keynes UK
UKHW020703310521
384670UK00006B/151

9 781802 883480